AF465622

COUP D'ŒIL

SUR

LE PORTUGAL

COUP D'ŒIL

SUR

LE PORTUGAL

PAR

P. DEBATISTE,

INGÉNIEUR-MÉCANICIEN.

PARIS
TYPOGRAPHIE ET LITHOGRAPHIE DE MICHELS-CARRE
IMPASSE DE LA GROSSE-TÊTE, 5
MAISON PASSAGE DU CAIRE, 8 & 10.

1869

COUP D'ŒIL

SUR

LE PORTUGAL

I

Les événements qui depuis six mois ont agité l'Espagne et, après avoir renversé le trône de la reine Isabelle II, ont jeté ce malheureux pays dans des complications qui déconcertent toutes les combinaisons raisonnables de reconstruction du pouvoir; ces événements, disons-nous, auraient pu avoir leur contre-coup en Portugal. Ce ne sont pas les excitations qui ont manqué : elles ont été directes, passionnées, habiles; mais l'appel n'a pas été entendu, ou plutôt la nation portugaise a refusé d'y répondre, et en agissant de la sorte, elle a donné, ainsi que son gouvernement, une preuve incontestable de haute raison et d'un grand sens politique.

De quoi s'agit-il, en effet? De résister à un entraînement, et ce n'est pas toujours chose facile. Chacun sait que depuis plusieurs années il existe, en Espagne, au milieu des quinze à vingt partis qui la divisent, un parti peu nombreux, mais fort turbulent, et qui, dans son programme politique, a arboré le drapeau de l'annexion — lequel faut-il dire? de l'Espagne au Portugal? ou bien du Portugal à l'Espagne? — cela est indifférent, car le parti ibérique ne se souciant pas plus de la maison de Bragance que de la maison de Bourbon, n'a qu'un idéal : l'union de toute la Péninsule ibérique, et qu'un but : la proclamation de la République comme couronnement de cette union, dont personne, à vrai dire, n'entrevoit bien l'utilité et encore moins la nécessité.

C'est ce parti qui, longtemps avant la dernière révolution, cherchant à faire de la propagande unioniste en même temps que républicaine, pouvait réussir à grouper des adhérents dans un pays comme l'Espagne, en proie aux ambitieux de toutes les classes, aux entreprises de toutes sortes, aux agitateurs de tous les partis en général, et aux révolutionnaires en particulier; ces hommes, dont la vie se passe toujours entre deux conspirations, et dont on a dit avec raison, quoique sous une forme plaisante, que si jamais ils parvenaient à s'emparer du pouvoir, ils ne tarderaient pas à conspirer contre eux-mêmes; ces hommes-là, disons-nous, pouvaient bien recruter quelques partisans en Espagne, mais ils se heurtaient, en Portugal, contre des obstacles insurmontables, au premier rang desquels il faut mettre l'affection et la confiance mutuelles de la maison royale de Portugal et de la nation portugaise.

Mais les révolutionnaires, s'ils sont incontestablement impuissants à édifier, sont, en revanche, fort habiles quand il s'agit d'abattre et de détruire, et lorsqu'une difficulté se dresse debout, en face de leurs projets, ils emploient toute leur adresse pour la tourner au lieu de perdre leur temps et leurs peines à essayer de la franchir.

Quelle a été leur tactique en Italie? N'ont-ils pas momentanément replié le drapeau républicain et n'ont-ils pas fait servir la royauté piémontaise à l'anéantissement de toutes les royautés de la Péninsule italienne? et maintenant que, sous prétexte d'unité, ils ont tout balayé depuis l'Adriatique jusqu'à l'extrémité de la Sicile, et tout renversé pour établir une unité monarchique, ils ne tarderont à s'attaquer au roi de Piémont, devenu roi d'Italie, pour tâcher de le jeter à bas, à son tour, comme le dernier empêchement à la réalisation de leur rêve : l'unité italienne républicaine.

Il n'est pas besoin, pour dévoiler les plans des révolutionnaires italiques, d'une forte dose de clairvoyance ; il n'en faut pas davantage pour deviner les projets des unitaires ibériques. Ils procéderont comme en Italie : ils essayeront de faire germer l'ambition dans le cœur du roi Dom Luiz, et après l'avoir aidé à construire sur le sable, après avoir feint de le seconder sérieusement et de bonne foi, ils seraient les premiers à saper les fondements qu'il aurait établis et à détruire les plans formés à leur instigation.

Quand on a envisagé cette situation, qui est la vraie, d'un regard calme et avec un esprit impartial et désintéressé, on y trouve, tout naturellement et sans aucune difficulté, les motifs de certains faits qui demeureraient, sans cela, plus ou moins obscurs et inexplicables. Ainsi se trouvent expliquées ces offres de candidatures au trône d'Espagne faites, dit-on, tantôt au roi Dom Luiz, tantôt à son père, Dom Fernando, l'ancien roi-régent pendant la minorité du roi Dom Pedro V.

En faisant admettre leur candidat, ils commencent par absorber la nation portugaise dans l'agglomération ibérique : le roi de Portugal devient roi d'Ibérie, comme le roi de Piémont s'est transformé en roi d'Italie ; puis un jour viendra où ces alliés, devenus des maîtres, voudront dicter des lois et imposer leurs volontés, et, ce jour-là, c'en sera fait de la Couronne pour faire place à la République, qui englobera le Portugal et l'Espagne, c'est-à-dire la Péninsule ibérique tout entière.

Le Portugal comprend que cette hypothèse est la vraie, et que tel serait le sort qui lui est réservé s'il se laissait entraîner par de fallacieuses promesses et s'il prêtait l'oreille à des propositions sans autre issue que la ruine et l'abaissement du pays.

Nous avions donc raison, au début de ces lignes, de donner une approbation sans réserve à la sagesse et au bon sens politique dont la nation portugaise et son gouvernement donnent un grand exemple en dédaignant des offres trompeuses et en repoussant un concours dangereux. Qu'est-ce en effet que ce pays, qui contient en lui tous les éléments d'une prospérité exempte de troubles et d'agitations, trouverait, dans une union chimérique, d'avantages réels en compensation des inconvénients qui se rattacheraient forcément au nouvel état de choses que des amis imprudents voudraient lui imposer? Il est facile de le voir; en jetant un coup d'œil rapide sur le passé et le présent du Portugal, on peut aisément en tirer de salutaires enseignements pour son avenir.

II

Nous ne remonterons pas aux temps héroïques pour rechercher si la ville de Lisbonne a été fondée par Ulysse, ou si elle a dû l'existence à une colonie de Phéniciens. Nous trouvons le Portugal dans la Lusitanie au temps où florissait l'Empire romain. Plus tard, au huitième siècle, ce coin de la Péninsule ne fit pas exception et fut, comme toute l'Espagne, envahi par les Maures. Il reste encore dans un grand nombre de localités des traces non douteuses de la domination mauresque; on retrouve aussi quelques descendants de la race africaine sur plusieurs points du territoire. A Lisbonne, le *Moureiro* (quartier maure) atteste par ses maisons à demi ruinées, mais encore debout, que là ont campé les dominateurs, et la langue portugaise s'est enrichie d'un assez grand nombre de mots arabes pour prouver la durée assez longue du séjour des conquérants.

C'est à la suite de cette occupation environ deux fois séculaire que surgit pour la première fois, parmi les nations européennes, le Portugal avec son autonomie. En effet, dans les guerres que les Espagnols entreprirent contre les Maures dans le but d'arriver à les chasser du territoire européen, Henri de Bourgogne ayant rendu de grands services au roi de Castille, Alphonse VI, ce monarque lui donna le comté de Portugal. Alphonse Henriquez fut proclamé roi en 1139 et fut le fondateur de la monarchie portugaise, qui grandit en puissance au point de prendre place au premier rang des nations maritimes. Les progrès et les entreprises de la navigation y furent si considérables et si rapides, qu'au quinzième et au seizième siècle, on voit les hardis navigateurs portugais, les Diaz, les Vasco de Gama, les Cabral, les Albuquerque découvrir la route de l'Inde, s'attirer l'admiration de l'Europe entière par leurs expéditions lointaines et leurs découvertes maritimes, dont les résultats se traduisent, pour leur patrie, en conquêtes importantes en Afrique, en Asie, en Amérique et jusque dans l'Océanie. C'est à cette époque que l'on voit le Portugal, devenu une puissance navale de premier ordre, compter au nombre de ses colonies des territoires immenses, tels que le Brésil, découvert par le navigateur Cabral, d'une étendue telle que l'on a pu y tailler vingt grandes provinces, et de leur agglomération, composer un vaste empire occupant à lui seul une partie importante du continent de l'Amérique du Sud.

Cette prospérité continue et s'accroît même sans interruption jusqu'au jour — jour néfaste — où, en l'année 1580, le roi d'Espagne Philippe II s'empara de ce royaume, dont il fit une simple province de ses immenses possessions; c'est alors que le Portugal fit un véritable et désastreux essai d'annexion. Les Hollandais, brûlant de secouer le joug et la domination des Espagnols qui, depuis Charles-Quint, voyaient leur drapeau flotter sur les Pays-Bas, les Hollandais, disons-nous, qui avaient été dans les Indes les rivaux des Portugais, ne trouvèrent rien de mieux que de profiter de l'abaissement momentané de cette valeureuse nation pour porter la guerre et la dévastation dans ses possessions d'outre-mer, trouvant ainsi à se venger de Philippe II en anéantissant leurs comptoirs et en détruisant leurs richesses, ou en s'en emparant, et sans que le roi d'Espagne, possesseur du pays, fût assez puissant pour être aussi son protecteur.

Ces faits, et une situation intérieure devenue intolérable par suite de l'absorption du pays dans la nation espagnole, expliquent comment, à la première occasion favorable, le duc de Bragance ayant levé le drapeau de l'insurrection, fit proclamer l'indépendance du Portugal qui, par reconnaissance, l'appela à régner sur lui sous le nom de Jean IV. Une nouvelle ère de prospérité commença pour cette nation jusqu'au jour où, en 1755, sa capitale fut à demi détruite par un tremblement de terre dont le souvenir est encore présent à l'esprit de la population lisbonienne; et, là aussi, cette ville dut à l'indépendance du pays la chance de pouvoir se relever de ses ruines. Si le marquis de Pombal eût été gouverneur pour le compte de l'Espagne, il aurait été impuissant et n'aurait pas eu l'initiative qu'il put puiser dans sa qualité de premier ministre du roi de Portugal. Ceci est tellement évident que cette proposition ne nous paraît avoir aucun besoin de démonstration.

III

Après avoir vu et étudié le passé, nous nous arrèterons quelques instants à l'examen de la situation actuelle de la nation qui nous occupe. Le Portugal compte aujourd'hui, en Europe, une population d'environ cinq millions d'habitants; il occupe toute la partie extrême sud-ouest de l'Europe; il est borné au nord et à l'est par l'Espagne, et par l'Océan Atlantique au sud et à l'ouest. Il a perdu le Brésil depuis 1826, mais il lui reste encore les iles Açores, qui se trouvent à moitié chemin entre l'Europe et l'Amérique; Madère, renommée par ses vins, mais où la maladie de la vigne a exercé de tels ravages dans les vingt dernières années, que ses riches coteaux ont dû être arrachés et plantés à nouveau. Il possède encore les iles du Cap-Vert ; en Afrique, il a conservé ses comptoirs du Congo et la côte de Mozambique ; en Asie, il occupe encore Goa, Macao, l'ile de Timor. Ce sont, on le voit, des possessions qui pourraient être enviées par des puissances plus considérables que le Portugal, et qui ont pu le consoler, dans une certaine limite, de la perte du Brésil, qui, depuis 1826, s'est détaché de la mère-patrie pour se constituer en un empire indépendant.

Son territoire continental se compose de l'ancienne Lusitanie, d'une partie de la Gallécie (Gallice) et des Algarves. Le sol en est assez fertile mais mal cultivé, soit par suite de l'apathie naturelle de la population, soit par suite du manque de bras et de l'insuffisance des moyens et des procédés de culture ; pourtant, dans certaines provinces qui ne sont pas cependant les mieux partagées sous le rapport de la fertilité, on peut constater depuis plusieurs années des progrès notables ; nous citerons entre autres la province de l'Alemtejo où des entrepreneurs, chargés des travaux de chemins de fer, ayant retrouvé en divers endroits une certaine ressemblance avec leur pays d'origine en France, c'est-à-dire la partie plane de la province d'Auvergne, se sont fixés dans cette contrée, y ont attiré leurs familles, ainsi que leurs amis, et y ont établi une colonie dont l'état de prospérité ne laisse rien à désirer. Il n'est pas douteux que l'on est destiné à voir cet exemple suivi par d'autres émigrants accidentellement conduits dans ces parages, et qui viendront vivifier cette contrée en y trouvant l'occasion de réaliser des bénéfices importants par la fertilisation d'un sol jusqu'alors improductif parce qu'il était inculte.

Les productions naturelles sont nombreuses en Portugal; on y trouve une grande variété de richesses végétales : l'oranger, le citronnier, l'olivier, le dattier, le le myrthe, le laurier, le chêne-liège; la vigne y donne d'excellents produits. Le sel est l'objet d'un commerce considérable.

Le pays, dont l'industrie était restée longtemps languissante, la voit renaître peu à peu depuis un quart de siècle; mais le grand commerce est, pour ainsi dire, resté un monopole aux mains des Anglais, malgré les efforts du gouvernement pour appeler, soit les capitaux des autres nations, soit les capitaux nationaux, dans les entreprises industrielles et commerciales nombreuses et importantes qui peuvent trouver à s'exercer utilement sur les rives du Tage. Mais ces efforts n'ont malheureusement pas toujours été couronnés de succès. La routine et les habitudes commerciales ont quelquefois battu en brèche les tentatives faites par les commerçants portugais pour s'affranchir de cette tutelle industrielle.

On ne saurait pourtant nier, sans s'exposer à manquer de justice, les progrès réels et sérieux qui ont déjà été accomplis dans ce sens, et l'on peut prévoir l'instant peu éloigné où l'industrie portugaise aura reconquis le rang convenable où elle peut légitimement prétendre. Déjà plusieurs genres d'industrie ont établi dans le pays des fabriques et des manufactures pouvant lui fournir des objets pour lesquels il était jusqu'à présent tributaire des autres nations; dans un autre ordre d'opération et de spéculation, on peut constater le développement considérable qu'a pris la petite ville de Cintra, que la mode a placée sous sa protection et où il est bon ton d'aller respirer, pendant la saison des chaleurs, l'air rafraîchi par les eaux vives qui sourdent à chaque pas sous ses bois d'orangers et de limoniers; il a fallu qu'en peu d'années le nombre des maisons y fût en rapport avec l'affluence croissante des visiteurs et des industries locales, qui ont pu suffire à l'accroissement des travaux nécessités par le concours toujours plus grand des amateurs de villégiature.

Nous pourrions citer encore d'autres industries, celles des tapis, par exemple, qui ont été établies depuis quelques années à Lisbonne, qui s'y trouvent maintenant en pleine activité, et dont les produits peuvent rivaliser avec ceux des manufactures les plus renommées de France et d'Angleterre. Il n'y a dans cette voie de difficile que le premier pas, et une fois l'exemple donné, rien ne s'oppose à ce que les hardis promoteurs de l'industrie nationale trouvent maintenant de nombreux imitateurs. Le sol industriel, comme le sol agricole, a besoin de bras et de capitaux pour fructifier; le Portugal est engagé aujourd'hui dans une voie qui conduit à la prospérité par le travail, et sa conduite autorise cette supposition, qu'il saura persévérer et s'avancer résolument, sans faiblesse comme sans témérité, dans la voie du progrès commercial et industriel, qui est aujourd'hui la condition première et essentielle de la prospérité et de la prépondérance d'une nation.

IV

Après l'examen rapide que nous avons fait de la situation du Portugal, et dans le passé et dans le présent, il nous reste à rechercher ce que de pareils éléments et les conditions politiques où se trouve placé le pays peuvent faire augurer de son avenir, et les craintes ou les espérances que l'on peut légitimement en concevoir.

Au point de vue politique, personne n'ignore que le gouvernement du Portugal est une monarchie constitutionnelle ; les chambres qui y tempèrent le pouvoir du souverain en coopérant aux affaires du pays, y portent, comme en Espagne, le nom de *Cortès*. Elles sont au nombre de deux : La chambre des députés et la chambre des pairs. Nous n'avons pas besoin d'insister sur le jeu de ce mécanisme, qui est connu et ne diffère pas essentiellement dans les divers pays d'Europe où il est en usage et où il tend de jour en jour à se généraliser davantage.

Au moyen de cette constitution, le pays, quelquefois

divisé par des partis rivalisant pour acquérir le pouvoir, a pu traverser, sans y sombrer, des époques de troubles civils, de discordes intestines et d'inrsurections militaires.

Pendant ce temps le pays réalisait, sans relâche quoique un peu lentement peut-être, des progrès en industrie et des réformes en politique. Il commençait la construction des chemins de fer, dont le réseau, une fois complété et se reliant par l'Espagne au reste du Continent européen, doit faire de Lisbonne le port d'embarquement le plus recherché des voyageurs qui se rendent en Amérique; car il est incontestable que, malgré la facilité plus grande avec laquelle on entreprend aujourd'hui les voyages d'outre-mer, toute voie qui diminue la longueur de la traversée en la remplaçant par un plus long parcours sur terre est choisie, de préférence, par les passagers; sous ce rapport, on ne saurait méconnaître qu'une ligne de steamers, allant directement de Lisbonne à New-York, serait la voie maritime la plus courte entre l'Europe et l'Amérique ; à plus forte raison en serait-il de même pour le service des Antilles, de Panama, du Brésil, etc.

Nous sommes évidemment appelés à voir, dans un avenir plus ou moins prochain, s'établir à l'embouchure du Tage des entreprises de navigation ayant pour objet de réaliser l'économie de temps que nous venons de faire entrevoir.

Les sciences sont cultivées avec soin dans la célèbre université de Coïmbre, qui a remplacé celle qui existait à Lisbonne depuis l'année 1290 et qui fut transférée en 1308 à Coïmbre où, depuis cette époque, elle n'a cessé de fleurir et de se montrer gardienne vigilante de la science autant qu'amie sincère et intelligente du progrès des lettres et des arts. Le goût des arts est en effet une des qualités dominantes du peuple portugais, et sous ce rapport le roi Dom Luiz peut être considéré comme le premier Portugais de son royaume; le roi est un véritable artiste, et l'on peut dire que, s'il sait donner aux arts des encouragements nombreux, il a puisé ce goût dans l'éducation qu'il a reçue et dans les exemples du roi Dom Fernando, son père, dont la protection éclairée et la haute bienveillance n'ont jamais fait défaut aux artistes, aux savants et aux littérateurs. Le roi Dom Luiz continue sur le trône les nobles et libérales traditions de sa famille, et ce ne sera pas la moindre gloire de son règne que consacrera la reconnaissance nationale.

En politique, le Portugal n'a pas attendu les sommations et les exigences des partis pour décréter certaines mesures; mais il l'a fait avec une prudence et une sagesse dont l'abolition de l'esclavage dans ses colonies est un exemple frappant. Il a, de même, obéissant à un sentiment humanitaire respectable, quoique contestable, effacé de ses codes la peine de mort, mettant ainsi d'accord le droit et le fait, puisque depuis longues années, les rares condamnations capitales prononcées par les cours de justice n'avaient pas été exécutées.

Tous ces progrès, et bien d'autres qu'il est inutile d'énumérer, se sont accomplis sous la maison régnante actuelle et sous l'empire de la constitution libérale qui régit le pays; les aurait-il accomplis, ou même simplement tentés, si placé dans des conditions différentes, il avait été incorporé à la Péninsule ibérique? Il est permis d'en douter, car l'exemple de l'Espagne est là pour montrer qu'il y a des nations où, soit par apathie naturelle, soit par la faute des gouvernements, soit enfin par l'imperfection des institutions, le progrès est lent, sinon complétement inconnu.

Nous croyons donc avoir démontré jusqu'à l'évidence tout ce que le Portugal perdrait, sans compensations, à l'union avec l'Espagne. Aujourd'hui la question se présente sous un nouvel aspect : on parle d'offrir la couronne d'Espagne, non plus à Dom Luiz, mais à son père Dom Fernando; il y a une nuance facile à saisir : ce n'est pas le roi de Portugal, mais un simple particulier qui, dans ce cas, monterait sur le trône de l'Escurial, et l'on pourrait croire la difficulté tranchée, comme si la question ne devait pas surgir de nouveau lorsque le trône d'Espagne redeviendrait vacant au décès de Dom Fernando. C'est peut-être bien là l'occasion que guette et veut faire naître le parti ibérique en Espagne.

Il est vrai que jusqu'à ce jour on soutient et l'on fait publier que l'ancien régent de Portugal refusera la couronne qui lui serait offerte ; mais d'autres renseignements, puisés à bonne source, pourraient faire supposer que l'acceptation du prince serait dès à présent certaine, malgré les dénégations anticipées.

S'il en est ainsi, nous pensons qu'il faudrait regretter pour le Portugal un pareil résultat tout en en félicitant le prince, digne plus que tout autre du choix du peuple espagnol. Malgré tout, nous persistons à croire que les autres gouvernements auront fait comprendre aux agents du Portugal ses véritables intérêts et que, notamment, le maréchal Saldañha, qui représente si dignement sa patrie, dont il est une des illustrations incontestées, aura reçu du cabinet des Tuileries des conseils conformes aux vrais intérêts de son pays et de son souverain.

En résumé, ruine et disparition du Portugal s'il a le

malheur de se laisser lier et river à l'Espagne, quel que soit le lien qui les unisse, et, en regard, richesse, progrès et prospérité ; tel est l'avenir qui est réservé à ce beau pays s'il sait préserver, sous le sceptre de ses rois, son autonomie de toute atteinte intéressée.

P. DEBATISTE,

INGÉNIEUR

1464 — Imp. Michels-Carré, passage du Caire, 8 et 10.

www.ingramcontent.com/pod-product-compliance
Ingram Content Group UK Ltd.
Pitfield, Milton Keynes, MK11 3LW, UK
UKHW012124240726
13965UKWH00005B/1952

9 782013 272964